Mitología Nórdica

Una guía de dioses, mitología y folclore nórdicos

Ross Romano

Contenido

La historia del origen

En todos los cuentos hay un principio y un final. En la mitología nórdica, el comienzo del universo es tan importante como la creación de sus cuentos, mitos y leyendas. El origen de los nueve reinos comienza con Ginnungagap.

Ginnungagap era un pozo sin fondo de la nada. En esta oscuridad y silencio se creó la vida con la ayuda del fuego y el hielo. A los lados del Ginnungagap estaban las tierras Muspelheim y Niflheim. Muspelheim era un lugar caliente y ardiente, mientras que Niflheim era un lugar frío y helado.

Estos dos lugares comenzaron a aumentar su poder y a competir entre sí. Finalmente, se enfrentaron en el Ginnungagap. El fuego derritió el hielo y formó gotas de agua. De entre el siseo y el chisporroteo, las gotas de agua se agruparon para formar a Ymir, que fue la primera creación en el Ginnungagap. Ymir, que significa Gritón, fue el primero de los gigantes de la escarcha. Los gigantes de la escarcha eran divinos, pero crueles y destructivos.

De Ymir surgió el inicio de la creación. Era hermafrodita y cuando dormía, se formaban gigantes de sus piernas y del sudor de su axila. Este fue el comienzo de la raza de los gigantes.

El hielo siguió derritiéndose y de él se formó una vaca, Audhumla. Ymir se nutrió de su leche y se mantuvo viva y fuerte lamiendo la sal del hielo. Mientras Audhumla seguía lamiendo el hielo, descubrió poco a poco a Buri, que estaba escondido allí. Buri fue el primero de la tribu de dioses conocida como los Aesir. De Buri nació su hijo, Bor, que se casó con Bestla, hija de uno de los gigantes.

Bor y Bestla tuvieron tres hijos que fueron los primeros de la raza medio gigante medio dios. Sus nombres fueron Vili, Ve y Odín. Odín se convertiría más tarde en el jefe de los dioses Aesir, pero antes, él y sus dos hermanos se dedicaron a construir el mundo.

Odín y sus hermanos vieron la naturaleza violenta y cruel de los gigantes, sobre todo de Ymir, y lo mataron. Con su cuerpo, se pusieron a trabajar en la construcción del mundo. Su sangre se derramó por el suelo y formó los océanos. Tomaron su piel y sus músculos y los convirtieron en el suelo. Con sus cabellos crearon la vegetación, y sus cerebros se convirtieron en las nubes. Cuatro enanos se situaron en cada esquina del mundo, sosteniendo una parte del cráneo de Ymir sobre la tierra para crear el cielo. Estos cuatro puntos se convirtieron en el Norte, el Sur, el Este y el Oeste.

Odín, Vili y Ve crearon el mundo y, finalmente, crearon a los primeros humanos. Un día, Odín y sus dos hermanos caminaban por la costa de una de las tierras que crearon cuando se encontraron con dos trozos de madera. Tenían forma de personas, pero no tenían vida, por lo que los tres dioses decidieron darles lo que no tenían.

Odín les insufló vida, mientras que sus hermanos les dieron creatividad y pensamiento, así como la capacidad de ver, oír, saborear, tocar, oler y hablar. Los vistieron y los llamaron Ash y Embla. Odín les dio entonces Midgard como lugar de residencia y construyó una valla alrededor para que estuvieran protegidos de los gigantes. Ash y Embla fueron el primer hombre y la primera mujer, y más tarde se convirtieron en el padre y la madre de toda la civilización humana.

Al principio, no había nada. Ginnungagap era la encarnación misma del caos. Era un vacío. No había nada y, sin embargo, contenía todo lo que los dioses necesitaban para crear el mundo. Ymir fue el primero en ser creado a partir de este caos, y parece poético que sea él quien cree el mundo. El Ginnungagap usó lo que tenía para crear a Ymir, y los dioses usaron a Ymir para crear el mundo que conocemos hoy.

A lo largo de la mitología nórdica, los gigantes siguen desempeñando el mismo papel que Ymir. No solo son criaturas descerebradas y destructivas. Actúan como los bloques de construcción del caos y la creación. Al principio, no había orden, los dioses tuvieron que crearlo. Así que tiene sentido que los gigantes se esfuercen por destruir y corromper ese orden creado, porque siguen siendo la encarnación del caos sin forma.

En la mitología nórdica, se puede ver que tanto los dioses como los gigantes juegan un papel importante en la creación. Los dioses crearon el mundo tal y como lo conocemos y ayudaron a darle forma. Siguieron interviniendo en los asuntos del mundo, manteniendo una mano firme en su desarrollo hasta el final. Sin embargo, también se ve que el mundo es lo que es debido a la influencia de los gigantes. El mundo fue creado a partir del cuerpo de Ymir, por lo que si no fuera por los gigantes, aún no habría nada. Ginnungagap seguiría siendo un vacío sin fin.

El mundo se mantiene unido por la constante lucha entre los dioses y los gigantes. Por un lado está el orden, la santidad y la bondad. En el otro, el caos, la profanidad y la maldad. Los dioses y los gigantes encarnan estos rasgos, y su lucha constante conforma el mundo. La tensión ha estado siempre ahí desde el principio y permanecerá hasta el Ragnarok. Este será el fin de todo. Cuando el mundo sea destruido, la lucha constante cesará finalmente, y todo volverá a ser como antes. Volverá a haber solo Ginnungagap y solo contendrá oscuridad, silencio y nada.

Según la mitología nórdica, hasta que llegue el Ragnarok, el mundo continuará así y los dioses seguirán dándole la forma que consideren oportuna. Ellos crearon el mundo, y dentro de ese mundo, los nueve reinos prosperarán.

Capítulo 1: Los nueve reinos

En la mitología nórdica, el cosmos es un conjunto de reinos sostenidos y conectados por un gran árbol. Puede decirse que todos los mundos existen en diferentes reinos espirituales, pero a veces se superponen a lo largo de las historias nórdicas. Los dioses podían viajar entre los reinos a su antojo, pero otros no.

Los nueve reinos se apoyan en el gran tronco, las fuertes ramas y las viejas raíces del gran fresno. Se denominan de la siguiente manera:

Asgard

Alfheim

Vanaheim

Midgard

Muspelheim

Niflheim

Jotunheim

Svartalfaheim

Helheim

Antes de examinar cada uno de los nueve reinos, debemos comprender antes el gran fresno que los sostiene a todos.

Yggdrasil

El gran fresno conocido como Yggdrasil existe en el Ginnungagap. Sus grandes y fuertes ramas llegan hasta los cielos. Tiene tres grandes raíces, cada una de las cuales se extiende hacia abajo y se alimenta de tres pozos distintos. El primer pozo se conoce como el Pozo de Urda, y es el lugar donde los dioses celebran su consejo diario. El segundo pozo se conoce como Hvergelmir, y es más un arroyo que un pozo. El tercer y último pozo se llama Mimisbrunnr, por el ser sabio, Mimir, que lo protege.

Hay tres entidades femeninas que se conocen como las Norns. Ellas tejen los hilos del destino que controlan la vida de todos. Una de las tres dibuja el hilo de la vida, otra lo mide para decidir la duración de esa vida, y la tercera corta el hilo cuando esa vida ha llegado a su fin. Las Norns habitan cerca del pozo de Urda, y vierten el agua del pozo sobre Yggdrasil. Se desconoce la ubicación exacta del pozo de Urda y de las tres Norns. Se dice que se encuentra en el propio Asgard y que la raíz de Yggdrasil crece hacia los cielos para llegar a él. Esto tendría sentido si los dioses Aesir lo utilizaran como lugar para su consejo diario, pero no está claro si esta es la verdadera ubicación del pozo.

Hay cuatro ciervos conocidos como Dvalinn, Dainn, Durapror y Duneyrr que se alimentan continuamente de las hojas de Yggdrasil, pero el árbol se mantiene sano y siempre verde. Siempre se cura a sí mismo para poder alimentar la naturaleza agresiva de la vida.

Alrededor de la base del gran árbol vive Nidhogg, el gran dragón. Nidhogg siempre está royendo las raíces de Yggdrasil y se dice que un día acabará royendo una de las raíces, desestabilizando el gran árbol y provocando el Ragnarok.

En la cima del árbol se encuentra una gran águila que no tiene nombre. Se dice que esta gran águila odia al dragón Nidhogg, y viceversa. Una ardilla, llamada Ratatoskr, se alegra de su odio mutuo y corre arriba y abajo por el tronco de Yggdrasil llevando mensajes de insultos y odio de Nighogg al águila y del águila a Nidhogg. La ardilla emplea un día entero en correr desde la cima del gran fresno hasta la base, pero disfruta demasiado de esta tarea como para preocuparse. A veces, la ardilla entrega mensajes falsos solo para divertirse y poder ver cómo se pelean los dos.

Yggdrasil es el árbol del mundo que se alza alto y poderoso en el centro del universo. Sus ramas se extienden hasta los cielos y sus raíces llegan a lo más profundo del inframundo. Es el tejido mismo del universo y un símbolo de la mortalidad. Aunque es fuerte y siempre verde, tiene muchas criaturas que lo roen y muerden constantemente.

Nadie sabe cómo surgió Yggdrasil; siempre ha estado ahí.

Asgard

Asgard es el hogar de los dioses Aesir y es el reino más alto del árbol del mundo. Se dice que es el más fértil y animado de todos los dominios. Hay plantas de todo tipo que crecen por todas partes y se dice que los propios edificios están hechos de oro. Es el reino más abundante, colorido y grandioso de los nueve.

En este reino viven los dioses más importantes, como Thor, Frigg y el propio Odín. Odín se sienta en un alto trono en lo más alto de Asgard, desde el que siempre está vigilando. Vigila los nueve reinos con la ayuda de sus cuervos y defiende los reinos con la ayuda de sus lobos.

En Asgard también se encuentra el mayor salón de todos ellos, conocido como Valhalla, que traducido significa "salón de los muertos". El Valhalla es una gran sala de banquetes con una larga mesa que se extiende de un extremo a otro. La mesa está siempre llena de comida y bebida y hay muchos asientos para los que acuden a ella. Solo los grandes guerreros que han caído en batalla pueden participar en el banquete de esta sala. Odín mismo elige a estos guerreros, dependiendo de la valentía con la que hayan luchado en la batalla. Se dice que solo puedes ser elegido para el Valhalla si has muerto durante el combate.

Los guerreros que Odín ha elegido, esperan en el Valhalla, comiendo, bebiendo, bailando y disfrutando de su tiempo. Sin embargo, también se entrenan y se preparan para una batalla mayor que está por venir. Odín ha elegido a los mejores guerreros para que se unan a él en esta sala y puedan luchar junto a él en la batalla final del Ragnarok.

Asgard está rodeado por un muro alto, fuerte e incompleto. Odín pidió que se construyera el muro para proteger a Asgard de la creciente fuerza y odio de los gigantes, pero Thor se vio obligado a matar a su constructor antes de que se completara.

Alfheim

Alfheim es el siguiente en el árbol del mundo. Alfheim se traduce aproximadamente en "Elfland" o "Tierra de los Elfos". De este reino no se sabe mucho más que lo que se puede deducir del nombre. Es el reino donde viven los elfos de la luz, y se dice que es el hogar original de la diosa Freya. Freya está ahora en Asgard con los dioses Aesir y no habla mucho de su hogar en Alfheim.

El Dios Freyr es el gobernante en Alfheim y los elfos son conocidos como dioses menores que representan la naturaleza y la fertilidad. También se les conoce como ángeles guardianes. Tienen el poder de obstaculizar o ayudar a los humanos utilizando sus poderes mágicos o sus conocimientos.

No hay muchos cuentos o poemas que mencionen este reino y su aspecto, aunque se describe a los propios elfos como más hermosos que el sol. Se sugiere, dado el aspecto y la cultura de los elfos, que Alfheim es una tierra verde y abundante, llena de sol, calor y vida vegetal.

Vanaheim

No está claro en qué parte del árbol del mundo se encuentra exactamente Vanaheim, pero se puede decir que está en algún lugar cerca de la cima de Asgard. Al igual que la tierra de los elfos de la luz, no se sabe mucho sobre Vanaheim o su aspecto.

Vanaheim es el hogar de un grupo de dioses conocidos como los dioses Vanir. Son una antigua rama de dioses y mucho más pequeños en número y poder en comparación con los dioses Aesir. Eran conocidos sobre todo por su hechicería y magia, ya que eran maestros de la misma. Los dioses Vanir también son conocidos por su vista y su capacidad de ver el futuro.

Mucho tiempo atrás, hubo una guerra entre los Dioses Vanir y los Dioses Aesir. Fue una guerra que duró años y parecía no tener fin. Ambos bandos eran fuertes y poderosos, capaces de curarse y adaptarse a cualquier ataque. Como todo, la guerra acabó con los dioses Aesir, que se alzaron con la victoria.

Después de la guerra, Njord, Freyr y Freya, que eran originalmente dioses Vanir, se trasladaron a Asgard para vivir allí como muestra de paz.

Midgard

Midgard se encuentra en el centro del árbol del mundo, justo debajo de Asgard. Es el hogar de los humanos y su nombre puede traducirse en el término "tierra media". Midgard y Asgard están conectadas a través del Bifrost, que es un puente arco iris que los dioses utilizan para viajar entre los dos reinos. Solo un dios puede utilizar este puente, y está controlado únicamente por Odín.

Midgard está rodeado por un gran océano interminable. Se dice que el océano no puede ser atravesado. El océano es el hogar de una gran serpiente marina conocida como la Serpiente de Midgard, y protege al reino y a sus habitantes de cualquiera que intente atravesar el océano. Se cree que la serpiente es tan grande que abarca todo el mundo.

Muspelheim

Este fue uno de los primeros reinos en existir. Fue creado al mismo tiempo que Niflheim, pero como su completo opuesto. Muspelheim fue creado muy al sur del universo, y es conocido como la tierra del fuego. Es un lugar caliente que arde constantemente. Está lleno de lava, llamas, fuego, chispas y hollín. Si piensas que esta tierra es estéril y sin vida, te equivocas.

Muspelheim es el hogar de muchas criaturas, la mayoría de las cuales prosperan en el calor extremo y la oscuridad. En este reino viven demonios y gigantes de fuego, gobernados por un enorme gigante llamado Surtr.

Muspelheim es uno de los reinos más importantes que existen, ya que fue un ingrediente clave en la creación de la vida dentro del Ginnungagap.

Niflheim

Niflheim fue uno de los dos reinos que existieron por primera vez en el universo. Sus vientos helados fueron esenciales para crear la primera vida del universo, pero hay otras formas en las que sigue siendo muy importante.

Es un lugar oscuro y frío, el reino más oscuro y frío de los nueve, y es conocido como el hogar de la niebla y la bruma. El manantial más antiguo que existe se encuentra aquí y se llama Hvergelmir. Es uno de los tres pozos que alimentan las tres raíces de Yggdrasil. Se dice que, al principio, cuando el árbol del mundo empezó a crecer, extendió una de sus raíces hasta Niflheim y se alimentó del manantial para mantenerse fuerte.

Este manantial está custodiado por Nidhogg, y ésta es también la raíz que roe constantemente.

Las leyendas del manantial dicen que todos los ríos fríos del universo fluyen de él, y que es la fuente de los once ríos que fluyen por todo el universo. Se cuentan muchas historias sobre el manantial, pero la leyenda dice que es el origen de todos los seres vivos y que es el lugar al que todos los seres vivos volverán.

Jotunheim

Este reino es conocido como el hogar de los gigantes, enemigos de los dioses Aesir. Más concretamente, es el hogar de los gigantes de la escarcha y de los gigantes de la roca. Se encuentra cerca de la base del árbol del mundo, junto a sus raíces. En Jotunheim, el terreno es rocoso y está lleno de densos bosques. La tierra aquí no es fértil, por lo que los gigantes no pueden cultivar nada. Por ello, solo viven de los peces del agua y de los animales de los bosques. Jotunheim también es conocido como un lugar nevado. Se mantiene separado de Asgard por un gran río llamado Iving que nunca se congela, por mucho frío que haga.

Los gigantes y los Dioses Aesir se pelean constantemente, aunque ha habido algunos casos de relaciones amorosas entre ambos. El propio Loki procede de Jotunheim, pero fue aceptado por los dioses Aesir como uno de ellos.

Jotunheim tiene una fortaleza conocida como Utgard, su versión de Asgard, y se dice que es tan alta que nadie puede ver hasta la cima. Fue esculpida en la nieve y el hielo, y solo un gigante vive en su interior. Es Utgard-Loki, el temido Rey de Jotunheim.

Este reino también alberga el segundo pozo y la segunda raíz del árbol del mundo. Mimisbrunnr, también conocido como el Pozo de Mimir, es el pozo de la sabiduría y está protegido por el sabio Mimir y sus hijos. Mimir es el más sabio de todos los dioses y conoce muchos secretos y conocimientos ocultos que le otorga el pozo. Mimir bebe del pozo todos los días y eso le da una sabiduría y un conocimiento superiores. Esta es su recompensa por presidir el pozo y proteger las grandes raíces de Yggdrasil.

Svartalfheim

Este reino también se encuentra cerca de la base del árbol del mundo, junto a sus raíces, y es el hogar de los enanos. Se dice que es un lugar oscuro, principalmente rocoso y estéril. Estos cuentos sugieren que este es en realidad el hogar de los elfos oscuros en lugar de ser el hogar de los enanos. Todavía no está claro qué raza vive en Svartalfheim.

Lo que está claro es que los enanos, o los elfos oscuros, viven bajo tierra en cuevas y túneles. Los enanos rara vez salen a la superficie. También son famosos por ser maestros artesanos, y han hecho muchos regalos poderosos para los dioses Aesir.

Draupnir, el anillo mágico, y Gungni, la poderosa lanza de Odín, son algunos de los regalos notables que han hecho para los dioses.

Helheim

Hel, también llamada Helheim, es el reino más bajo del árbol del mundo. Se encuentra en la base de las raíces del árbol, justo en el centro. Es el inframundo y es el hogar de los muertos deshonrosos. Los asesinos, los ladrones y aquellos que no son considerados lo suficientemente valientes como para vivir en el Valhalla o en Falkvangr son los muertos deshonrosos que son enviados a Hel.

Este reino es muy oscuro, frío y sin vida. Se dice que este lugar no es el fin de la vida, sino más bien una sombría continuación de la misma. Todos los que van a este reino nunca volverán a sentir felicidad o alegría. Está gobernado por la diosa Hel. El reino se llama así por ella, y no al revés.

No se sabe que Hel sea peor o mejor que la vida. No se considera un castigo por hacer el mal ni una recompensa por hacer el bien. Se considera simplemente como la vida después de la muerte. Los que van a Hel harán todo lo que harían si estuvieran vivos. Pelearían, jugarían, comerían, dormirían, etc. No se parece en nada a las formas de infierno que se ven en la mayoría de las otras religiones.

Se dice que solo hay una forma de llegar a Hel y es caminar por un sendero. El camino es largo, ancho y está envuelto en la oscuridad. Los que van a Hel deben caminar en la más absoluta oscuridad. Este camino conduce a un río llamado Gjoll, uno de los once ríos que fluyen desde Niflheim a través del universo. Este río fluye ante la entrada de Hel, que es un puente. En el puente se encuentra una giganta que es la guardiana del puente, y solo dejará pasar a los muertos por el puente hacia Hel. Si estás vivo, ella lo sabrá, y te preguntará cuál es tu propósito en la tierra de los muertos. Dependiendo de tu respuesta, decidirá dejarte pasar a Hel o enviarte de vuelta por el camino.

Hel está rodeada por una gran muralla con una gran puerta como entrada. Después de cruzar el puente, los muertos atraviesan la puerta de entrada a Hel, pero los vivos nunca pueden pasar por esta puerta. Para entrar en Hel, deben encontrar un camino que supere o rodee el muro, o bien tienen que dar la vuelta y marcharse por donde han venido.

Estos son los nueve reinos y el gran árbol del mundo, Yggdrasil, que conforman el universo. Todos ellos están conectados, aunque también existen por sí mismos. Sin el gran árbol del mundo, ninguno de estos reinos podría existir dentro del Ginnungagap.

Capítulo 2: Dioses, diosas y criaturas de los nueve reinos

Los dioses de la mitología nórdica pertenecen a dos grandes grupos, los Aesir y los Vanir, pero todos son dioses por derecho propio. También hay algunos dioses y diosas que existen fuera de estos dos grupos. Cada grupo tiene sus dioses superiores, que son más poderosos y adorados por encima de los demás, y los dioses inferiores, que siguen siendo poderosos pero son considerados débiles a los ojos de los dioses superiores.

La única diferencia entre los dioses superiores y los inferiores es el papel que desempeñan en la mitología nórdica. Hay algunos que desempeñan un papel más importante en las historias de valentía, astucia, sabiduría y batalla, mientras que otros no aparecen en absoluto en las historias.

Los dioses y diosas superiores

Odín

También conocido como el "Padre de todo", Odín es el dios más poderoso y elevado del universo. Forma parte del grupo de dioses Aesir y fue uno de los primeros dioses en existir. Es el gobernante de Asgard y el protector de los nueve reinos. Odín vela especialmente por Midgard, hogar de los humanos, ya que es uno de los dioses que creó a los humanos y su hogar.

Odín es conocido como el Dios de la Guerra, el Dios de la Poesía y el Dios de la Magia. También es conocido por ser paradójico. Es un dios temeroso y, al mismo tiempo, un dios bondadoso y cariñoso.

Odín busca constantemente el conocimiento con la ayuda de sus dos cuervos que sobrevuelan los nueve reinos, viéndolo todo. Vuelven a Asgard y se sientan en su hombro, susurrándole al oído las cosas que han visto. Sus dos lobos corren de un reino a otro en busca de secretos para traerlos de vuelta a él. También cuenta con las Valkirias, un grupo de mujeres guerreras que también le ayudan en su interminable búsqueda de conocimiento y poder.

Odín es famoso por haber sacrificado uno de sus ojos para ver el universo con mayor claridad y por haberse colgado del árbol de Yggdrasil para aprender el alfabeto rúnico secreto. Su sed de conocimiento es lo que le convierte en el dios más poderoso, temido y amado de todos los demás dioses, tanto Aesir como Vanir.

Frigg

Es la esposa de Odín y la diosa de la fertilidad, el amor, el destino y la belleza. También es un símbolo de todas estas cosas. Se dice que es la diosa más bella de todos los Aesir y Vanir.

Frigg es una reina poderosa entre los dioses, y la única a la que se le permite sentarse junto a su marido, Odín. También es muy protectora con sus hijos y es una gran y cariñosa madre. Llegó a hacer un juramento a todas las cosas del universo, haciéndoles jurar que nunca harían daño a su hijo, Balder.

Frigg es conocida sobre todo por su don de la vista. Aunque puede ver el futuro, está rodeada de secreto. Frigg es una reina hermosa, cariñosa y confiada, pero su confianza acabaría siendo traicionada por Loki.

Thor

Thor es el dios más conocido, e hijo de Odín. Es un dios Aesir que reside en Asgard y es el protector de los humanos y de Midgard. También se le conoce como el Dios del Trueno y es un poderoso guerrero.

Empuña un martillo llamado Mjolnir, que es el arma más poderosa que existe y que solo él puede empuñar. Se dice que su martillo único es tan poderoso que puede matar gigantes y destruir montañas.

Thor es uno de los dioses más populares y también el más fuerte. Es tan fuerte que no solo se le ha encomendado la vigilancia de Midgard, sino que también es su deber custodiar Asgard, la fortaleza de los Aesir.

Además de su fuerza, Thor también es conocido por sus poderes curativos, su extrema valentía, su rectitud y su brillante cabello rojo.

Loki

Loki, que también es conocido como el Dios de la travesura, no es muy fuerte ni poderoso en comparación con dioses como Thor y Odín. No es grande en la batalla, ni ganaría en una lucha directa con muchos de los dioses, pero a pesar de ello, sigue siendo responsable, directa o indirectamente, de la muerte de muchos dioses fuertes y poderosos.

Loki es un sabio embaucador. Sabe pensar con rapidez y siempre tiene una respuesta a cualquier problema. Le gusta buscar problemas, como es su naturaleza. Originalmente vivía en Jotunheim con los gigantes, pero fue aceptado por Odín y los demás dioses por varias buenas acciones y fue acogido como un Aesir en Asgard. Odín consideraba a Loki como su hermano. Cuando Loki hacía algo que enfadaba a Odín o a los otros dioses, se apresuraba a apaciguarlos con una buena acción o un regalo de algún tipo.

Uno de los talentos más famosos de Loki es su capacidad de cambiar de forma. Esta habilidad le llevó a engendrar muchos hijos monstruosos y poderosos, uno de los cuales fue la diosa Hel.

Balder

Balder es el hijo de Frigg y Odín. Se le describe como la personificación misma de la belleza, el resplandor, la equidad y la bondad. Según la leyenda, vive entre el cielo y la tierra.

Balder es uno de los dioses más famosos por dos razones. En primer lugar, era el hermanastro del poderoso Thor. Segundo, se dice que es inmortal. Balder tuvo un sueño de su muerte, y como resultado, vivió su vida con miedo. Su madre, Frigg, se encargó de que su hijo nunca muriera. Hizo un juramento a todo el universo de que no le harían daño a su hijo. Balder vivió toda su vida ganando todas las batallas y presumiendo de su inmortalidad hasta el punto de desafiar a los dioses a intentar matarlo.

A pesar de los esfuerzos de su madre para mantenerlo a salvo, finalmente, a través de las acciones de Loki, fue asesinado.

Tyr

Tyr es un dios famoso, pero también es el dios de la guerra menos conocido. Se dice que es un dios extremadamente fuerte y un gran guerrero. Ganó muchas batallas, la mayoría de las cuales las libró con un solo brazo. El otro brazo lo perdió a manos de Fenrir, el lobo gigante, que también es uno de los muchos hijos monstruosos de Loki.

Era un amigo cercano de Odín y era querido por muchos de los otros dioses.

Freya

Freya se confunde a menudo con la diosa Frigg, ya que ambas representan los mismos ideales, pero son diosas muy diferentes. Freya está asociada a las mismas cualidades que Frigg, como la fertilidad, el amor y la belleza. Sin embargo, Freya es la más bella de todas las Aesir y Vanir, incluso más que Frigg.

Freya no tiene el don de la vista como Frigg y nunca se casó con Odín. Esta es solo una de las muchas diferencias entre Frigg y Freya. Freya era la hermana de Freyr. Ambos eran Vanir que vivían en Alfheim, tierra de los elfos, pero tras la guerra entre los Aesir y los Vanir, Freya se fue a vivir a Asgard como muestra de paz.

Heimdall

Heimdall es más famoso por ser conocido como el más brillante de todos los Vanir y los Aesir. Su piel era tan blanca que brillaba como una estrella. Heimdall también es famoso por ser uno de los hijos de Odín con una tarea muy importante. Se sentaba en la cima del Bifrost, el puente que conectaba el reino de Asgard con el reino de Midgard, y su trabajo era protegerlo. Nadie caminaba por el puente, porque él estaba siempre vigilante y siempre alerta. Era su deber mantener Asgard a salvo de los ataques y asegurarse de que el Bifrost fuera siempre un medio de transporte seguro para los dioses.

Vidar

Vidar es otro de los muchos hijos de Odín. Es un dios muy poderoso, más que cualquier otro hombre o dios aparte de Thor. Su madre es una giganta llamada Grid, y su poder y fuerza solo son igualados por Thor. Vidar no es un dios muy famoso y tuvo pocos logros. Se le conoce sobre todo por ser el hijo de Odín y por matar al lobo gigante Fenrir, demostrando así su fuerza.

Vidar también es considerado por algunos como el dios silencioso de la venganza.

Vali

Vali es otro medio hermano de Thor, su padre es Odín y su madre es desconocida. También demostró ser muy fuerte y poderoso. Se dice que su principal propósito al nacer fue matar a su medio hermano, Hodr, por matar a su otro medio hermano, Balder. Para ello, necesitaba mucha fuerza. Vali acabó siendo tan fuerte que, en algunas versiones de la historia, es uno de los pocos dioses que realmente sobrevivieron al Ragnarok.

Hel

Hel es la diosa de Helheim, el mundo de los muertos vivientes que lleva su nombre. Se dice que cuando está en su reino, es incluso más poderosa que el propio Odín. Es hija de Loki y de una giganta. Esto la convierte en un individuo aterrador y fuerte.

Se dice que su piel es pálida y parece estar en descomposición. Los dioses la encontraron poco después de su nacimiento, y al ver lo repugnante que era, la arrojaron al inframundo. Allí creó y gobernó su propio reino, Helheim.

No es una gobernante dura y cruel en su reino. Ella alimenta y cuida a todos los que entran.

Elli

Elli no es una diosa muy conocida, pero sí muy poderosa. Es la diosa de la vejez, y para significar esto a menudo toma la apariencia de una anciana. Sin embargo, esta apariencia es engañosa. De hecho, es una guerrera capaz y fuerte. Incluso derrotó al mismísimo Thor en un combate de lucha, demostrando la fuerza que posee, a pesar de su apariencia.

Freyr

Freyr es conocido por muchas cosas. Era el gobernante de Alfheim, hermano de Freya, y un Vanir muy fuerte y sabio. Es el dios de la fertilidad y también se le considera un símbolo de la prosperidad. Freyr fue una vez gobernante de Alfheim y un gran guerrero de los dioses Vanir hasta después de la guerra entre los Aesir y los Vanir. Entonces se fue a Asgard para vivir allí como muestra de paz, junto a su hermana.

Los dioses y diosas menores

Borr

Es el padre del "Padre de todo" Odín y de sus dos hermanos, Vili y Ve.

Eir

Es la diosa de la curación.

Delling

Es el dios del amanecer.

Dagur

Es el dios del día, e hijo de Nott y Delling.

Eostre

Es la diosa de la primavera.

Forseti

Es el dios de la paz, la justicia y la verdad, y es el hijo de Nanna y Balder.

Lofn

Es la diosa del amor prohibido.

Bragi

Es el dios de la música, la poesía y el arpa.

Gefjun

Es la diosa del arado y de la fertilidad.

Iounn

Es la diosa de la juventud.

Hlin

Es la diosa de la protección y el consuelo.

Magni

Es el dios de la fuerza y es el hijo de Thor.

Nanna

Es la diosa de la paz y la alegría y está casada con el hijo de Odín, Balder. Fue madre de Forseti y murió de pena por la muerte de su marido, Balder.

Joro

Es la diosa de la Tierra.

Mani

Es el dios de la luna.

Kvasir

Es el dios de la inspiración y finalmente es asesinado por los enanos.

Njordur

Es la diosa de los peces, el viento, el mar y la riqueza. Muere durante el Ragnarok.

Saga

Es la diosa de la sabiduría.

Nott

Es la diosa de la noche y la madre de Jord, Aud y Dagur.

Sif

Es la diosa de la cosecha y está casada con Thor.

Ran

Es la diosa del mar.

Thruer

Es la hija de Thor y Sif.

Sigyn

Es la diosa de la fidelidad y es la esposa de Loki.

Ullr

Es el dios del invierno, de la caza y de los duelos. También es el hijo de Sif.

Sol

Es la diosa del sol y es devorada por Skoll en el Ragnarok.

Sjofn

Es la diosa del amor.

Var

Es la diosa del contrato.

Skadi

Es la diosa del invierno y es la esposa de Njordr.

Vor

Es la diosa de la sabiduría.

Ve

Es uno de los tres dioses de la creación, y es hermano de Odín y Vili.

Vili

Es uno de los tres dioses de la creación, y es hermano de Odín y Ve.

Yggdrasil

Se la conoce como la diosa de la vida y es el árbol de la vida que conecta los nueve reinos.

Criaturas de los Nueve Reinos

En la mitología nórdica, hay muchas criaturas que no pueden describirse como dioses ni como monstruos. Son simplemente criaturas que viven en los nueve reinos. Algunos viven en paz, mientras que otros, buscan la guerra y la destrucción.

Audhumbla

Es la primera criatura que existe en el mundo. Es una vaca gigante que nació del mismo hielo que engendró al primer gigante, Ymir. Ella sobrevivió lamiendo la sal del hielo, e Ymir sobrevivió bebiendo su leche. Se sostenían mutuamente y ambos eran esenciales para la existencia de más vida en el universo.

Arvak y Alsvid

En la mitología nórdica, son los dos caballos celestiales que tiraban del carro de Sol, diosa del sol. Alsvid significa "el veloz" y Arvak "el que se despierta temprano". Tiran del carro que lleva una gran bola de fuego que trajeron de Muspelheim. Este es el sol que proporciona calor al mundo, pero no emite luz. La luz que vemos en el cielo proviene de las crines brillantes de los caballos.

Blodughofi

Este es el caballo del dios Freyr. Su nombre puede traducirse como "casco sangriento". Es un caballo leal y fuerte que llevaba a Freyr a donde fuera necesario. Se dice que cuando Freyr se enamoró de una mujer de Jotunheim, envió a su sirviente con una propuesta de matrimonio. Su sirviente montó en Bludoghofi para que pudiera pasar el muro de fuego que rodea a Jotunheim sin sufrir daños.

Geri y Freki

Estos son los nombres de los lobos que se sientan junto a Odín a los pies de su trono. Freki significa "comer en exceso" y Geri significa "edacidad". Odín no comía, por lo que cuando se sentaba en el Salón del Valhalla, ellos se sentaban debajo de la mesa junto a sus pies y esperaban a que les dejara caer comida mientras él bebía su aguamiel.

Hrimfaxi

Es el caballo celestial de Nott, la diosa de la noche. Su nombre puede traducirse como "melena de escarcha" o "melena de rima". Hrimfaxi tiraba de un carro negro que llevaba a Nott por el cielo al final del día, y cuando aparecían en el cielo, una cortina de noche caía sobre la tierra.

Gullfaxi

Se trata de un caballo celestial que cambió de manos de un gigante llamado Hrungnir, al hijo de Thor, Magni. Un día, el gigante vio a Odín montando su caballo de ocho patas y lo desafió a una carrera de caballos. Odín ganó, pero aun así él y los dioses invitaron al gigante a beber.

Mientras bebía, el gigante se emborrachó y empezó a hablar de forma que enfureció a Thor. Thor le retó a una batalla al día siguiente. Thor ganó, matando al gigante, pero quedó inmovilizado bajo el enorme cuerpo del gigante. Su hijo, Magni, que acababa de nacer tres días antes de esta batalla, levantó el cuerpo del gigante de su padre. Thor recompensó a su hijo con el caballo del gigante, Gullfaxi.

Grani

Se dice que Grani es un caballo celestial que pertenecía a la diosa Sigurd, y que era descendiente del caballo Sleipnir.

Fialar y Gullinkambi

Estos son dos gallos que se cacarearían mutuamente. Gullinkambi estaba en Asgard y su nombre significa "peine de oro". Gullinkambi comenzaría a cacarear y Fialar le devolvería el cacareo. Esto sería una advertencia para todos de que el Ragnarok estaba llegando.

Heidrun

Hiedrun es una cabra celestial que proporcionaba a las almas de los muertos que se reunían en el Valhalla un suministro interminable de aguamiel. Heidrun se alimentaba de las hojas del árbol de la vida y de sus pechos manaba aguamiel. Mantenía a las almas de los muertos en el Valhalla entretenidas y bien abastecidas hasta el día del Ragnarok.

Sleipnir

Es el caballo de ocho patas de confianza de Odín, y otro de los hijos de Loki. Es hijo de un semental llamado Svadilfari y de Loki, que se transformó en yegua para distraer al semental. Loki regaló Sleipnir a Odín para apaciguarlo y pedirle perdón por sus malas acciones.

Se dice que Sleipnir era el más fuerte y rápido de todos los caballos, e incluso montó a uno de los dioses hasta el mismísimo Hel.

Hofvarpnir

Se trata de un caballo celestial que pertenecía a la doncella de Frigg, Gna. Este caballo podía cabalgar libremente por el aire y por el agua.

Muninn y Huginn

Estos son los dos cuervos que se sentaban en cada uno de los hombros de Odín. Muninn significa "memoria" y Huginn significa "idea". Su trabajo era buscar conocimiento e información para Odín, que siempre estaba sediento de ello. Volaban desde sus hombros al amanecer y se dirigían a Midgard, el mundo humano. Allí, veían y escuchaban todo lo que podían, y luego, volvían a él al anochecer.

A menudo se les ve sentados sobre sus hombros y susurrando en sus oídos todo lo que han aprendido. Por eso, a veces se llama a Odín el dios del cuervo.

Svadilfari

Se trata de un caballo celestial que perteneció a un gigante de Jotunheim, cuyo nombre se desconoce. El significado del nombre del caballo no está claro, aunque algunos creen que significa "esclavo" o "viajero sin suerte". El caballo de ocho patas de Odín, Sleipnir, es su descendiente.

Cuando el mundo acababa de empezar y los dioses de Asgard querían que se construyera un muro alrededor de su fortaleza, Svadilfari y su amo fueron encargados de construir ese muro. Svadilfari ayudaría a su amo a hacerlo porque era un caballo fuerte y poderoso que podía tirar y transportar grandes rocas con facilidad.

Gullinborsti

Este nombre significa "melena dorada" o "jabalí dorado". Es un jabalí celestial que pertenece al dios Freyr. Gullinborsti se utiliza para tirar del carro de Freyr, y se decía que podía correr sobre el agua y la tierra más rápido que cualquier caballo. Este jabalí fue creado por los enanos para Freyr, y su crin dorada representa la maduración de las cosechas o la luz dorada del sol.

Valkirias

Las valkirias podrían considerarse criaturas en lugar de dioses o diosas porque técnicamente eran espíritus. Eran un grupo de espíritus femeninos que ayudaban a Odín a transportar al Valhalla a los muertos que él había elegido.

Su nombre, que significa "selectoras de los muertos", indica que hacen mucho más que llevar a los muertos al Valhalla. El trabajo de las Valkirias es elegir quién vive y quién muere en la batalla y luego llevar a los que murieron honorablemente a los salones donde se sientan a esperar el Ragnarok.

Enanos

Svartalfheim, o el hogar de los elfos negros, es el reino donde viven los enanos. En la mayoría de las representaciones de los enanos, éstos son robustos y bajos. Sin embargo, en la mitología nórdica no hay pruebas de que esto sea cierto. Se les considera seres inferiores, y esto puede haber hecho que la gente crea que son más bajos que otros seres superiores.

Los enanos tienen mucho talento para la herrería, la minería, la forja y la fabricación de objetos de gran poder y magia. Se dice que viven bajo tierra en un complejo laberinto de cuevas, túneles y minas.

El hogar de los enanos es seco, oscuro y estéril, pero de alguna manera, lograron sobrevivir y prosperar bajo tierra. Han utilizado su talento para fabricar muchos regalos y armas poderosas para los dioses. El más famoso de ellos es Mjollnir, el martillo de Thor.

Elfos

Los elfos viven en el reino de Alfheim y se cree que son semidioses. Sin embargo, esta no es una descripción totalmente exacta de ellos. Los semidioses son mitad dioses y mitad humanos, o al menos un humano con la fuerza y/o el poder de un dios. Los elfos no son ni lo uno ni lo otro. Son simplemente criaturas que no pueden ser descritas ni como dioses ni como humanos.

Se dice que son altos y esbeltos, con un pelo largo y pálido y una piel pálida que casi brilla, y que son los más bellos de todas las criaturas de los nueve reinos. Se dice que los elfos son más hermosos que el sol, pero en realidad no se sabe mucho sobre ellos o su reino. Son criaturas muy reservadas que se mantienen en secreto.

Tienden a mantenerse alejados de los humanos y del mundo humano y, según el mito, solo aparecen para curar una enfermedad o para causarla. Esto, por supuesto, depende del capricho de ese elfo en particular. Tienen mucho poder, pero no son ni buenos ni malos. Se sitúan en un punto intermedio, capaces de ayudar o perjudicar a los humanos dependiendo de cómo se sientan ese día.

En algunos relatos, los elfos se dividen en dos grupos, los elfos oscuros y los elfos de la luz. Se supone que los elfos oscuros tienen la piel muy negra, mientras que los elfos claros tienen la piel más clara que el sol. No está claro si los elfos están realmente separados en estos dos grupos. Podría tratarse de un método con el que los humanos describen la forma en que los elfos pueden ser buenos o malos, o tal vez los elfos oscuros eran en realidad solo enanos con otro nombre. En cualquier caso, está claro que los elfos se encuentran en una categoría propia.

Jotnar

Los Jotnar o, en singular, Jotunn, son criaturas de Jotunheim. La mayoría de las representaciones de criaturas de Jotunheim se muestran como gigantes de algún tipo, pero hay otras criaturas que provienen de Jotunheim que encajan en esta categoría.

A menudo se dice que los Jotnar están en guerra con los dioses Aesir y Vanir. No obstante, muchos dioses nórdicos son descendientes de uno o varios Jotunn. Los trolls son un subgrupo de Jotnar, pero no aparecen mucho en la mitología nórdica.

Algunos de los Jotnar más famosos son Hel e Ymir.

Ratatoskr

Es la ardilla que corre arriba y abajo de Yggdrasil, entregando mensajes del dragón Nidhogg en la base del árbol al gran águila en la cima. Su nombre significa "diente de taladro" o "diente de perforación".

Se considera que esta ardilla desempeña un papel importante en el círculo de la vida. Los mensajes que transmite hacen crecer el odio entre el dragón y el águila. Su odio lleva a ambos a atacar el árbol, lo que conduce a un ciclo de decadencia que acabará con el renacimiento del árbol.

Verdrfolnir

Esta es la gran águila que se encuentra en la cima del árbol del mundo, Yggdrasil. No está claro si éste es el verdadero nombre del águila o no. En algunas historias de la gran águila, ésta permanece sin nombre, y en otras historias, éste es el nombre que se le da.

Se sienta en la cima del árbol y, cuando bate sus alas, envía fuertes vientos a través de los nueve reinos. Odia al dragón que vive en la base del árbol y a menudo baja volando para atacarlo si recibe un mensaje de Ratatoskr lo suficientemente cruel.

Capítulo 3: Los monstruos de los nueve reinos

Todos los cuentos tienen sus monstruos. Son criaturas terroríficas destinadas a mantenerte despierto por la noche y a engañar a los niños traviesos para que se comporten. En la mitología nórdica, todos los seres vivos desempeñan un papel vital en el flujo del universo y en el Ragnarok, especialmente los monstruos. Hay muchos monstruos en los nueve reinos, y aquí hablaremos de los más feroces y malvados de todos ellos.

Draugr

Los draugr son quizás los monstruos más aterradores de los nueve reinos. Simplemente, son los muertos vivientes. Se dice que los Draugr tienen una fuerza sobrehumana, son capaces de transformarse en cualquier criatura y pueden aumentar su tamaño a voluntad. Están envueltos en el hedor de la descomposición y caminan por la tierra por pocas razones. Los Draugr también son capaces de nadar o caminar directamente a través de la roca sólida, que es como son capaces de escapar de sus tumbas y sepulcros.

Los Draugr suelen pasar su tiempo protegiendo el tesoro de sus tumbas de los saqueadores o buscando a aquellos que les perjudicaron en su vida. Todos los Draugr caminarán por la tierra a la vez, llegado el día del Ragnarok.

Fenrir

Fenrir es un lobo gigante y es uno de los hijos de Loki. Es conocido por ser uno de los monstruos más feroces y despiadados de los nueve reinos. Muchas de las historias que se cuentan sobre Fenrir dicen que seguía creciendo en tamaño y fuerza, y que nada podía detener su crecimiento. Los dioses escucharon estas historias sobre su tamaño y fuerza y decidieron que debían encadenarle para que no pudiera hacer daño a nadie.

Los dioses intentaron encadenar a Fenrir muchas veces con fuertes cadenas, pero él las rompía con facilidad. Fenrir se lo tomó como un juego o un desafío a su fuerza, así que cuando los dioses le trajeron una nueva cadena fabricada por los enanos, estuvo encantado de dejar que le encadenaran con ella. Hablaremos de esta historia en detalle en el próximo capítulo.

Fenrir desempeña quizás uno de los papeles más importantes en el día del Ragnarok, ya que será el final eventual de Odín.

Kraken

El Kraken aparece en muchas mitologías diferentes y no pertenece únicamente a la mitología nórdica. No está claro qué tipo de criatura es el Kraken. Algunos creen que es un calamar o un pulpo gigante, mientras que otros piensan que es un cangrejo gigante. Independientemente del tipo de criatura que sea, el Kraken siempre se representa como algo enorme.

El Kraken vive en las profundas y oscuras aguas del océano y solo sale a la superficie si le molestan los barcos que pasan. Cuando el Kraken llega a la superficie, es tan grande que los marineros suelen confundirlo con una isla. Navegan hacia él buscando tierra, solo para ser arrastrados a las profundidades del océano.

Fossegrim

Fossegrim puede encajar tanto en el grupo de criaturas como en el de monstruos. Es un espíritu del agua que toca música con el violín. Se dice que a veces el espíritu enseñará a otros a tocar esa música, pero requiere un sacrificio de cabra. Si el sacrificio es suficiente, les enseñará a tocar una música hermosa, pero si no lo es, solo les enseñará la melodía del violín.

Otros relatos sobre el Fossegrim dicen que a veces atrae a mujeres y niños a los lagos, ríos y arroyos, y luego los arrastra hasta que se ahogan. Por estas razones, es fácil ver cómo puede considerarse tanto una humilde criatura de los reinos como un monstruo.

Jormungandr

El Jormungandr, aunque es un monstruo feroz, desempeña un papel importante en la protección de Midgard y de los humanos. Jormungandr es el nombre dado a la serpiente de Midgard que vive en los océanos infranqueables que rodean Midgard. Se dice que la serpiente es tan grande que su cuerpo rodea el mundo por completo, e incluso es capaz de morderse la cola.

Jormungandr es también otro hijo de Loki. Odín arrojó a la serpiente al mar cuando era una pequeña cría, y fue en este océano donde creció tanto. Jormungandr protege Midgard, pero no por voluntad propia. Cuando llegue el día del Ragnarok, comenzará con Jormungandr saltando desde los océanos para envenenar el cielo.

Jormungandr es el enemigo acérrimo de Thor, y se destruirán mutuamente cuando llegue el Ragnarok.

Garmr

Garmr es un sabueso infernal manchado de sangre que vigila la frontera de Helheim. Vive en una cueva llamada Gnipahellir. Se dice que el sabueso es uno de los más grandes, aparte de Fenrir, y siempre aparece con el pelaje cubierto de sangre. No está claro de dónde viene Garmr ni a quién pertenece. Tendrá un papel en el Ragnarok, matando a muchos dioses y, a su vez, siendo asesinado por un dios mismo.

Hraesvelgr

Hraesvelgr era un gigante que llevaba un gran abrigo de pieles y que se encuentra en el extremo norte del universo. Sus brazos se convertían en alas gigantes y, cuando las agitaba, soplaban fuertes vientos sobre el mundo. Su nombre significa "traga-cadáveres". Él también jugará un papel en el Ragnarok.

Fafnir

Es el hijo de Hreidmar, el rey enano, y fue maldecido por el tesoro que pertenecía a su padre. Esta maldición volvió a Fafnir loco de codicia, y esa codicia lo consumió. Mató a su padre para obtener su tesoro y ese tesoro lo maldijo aún más. Lo convirtió en un horrible y espantoso dragón. El dios, Sigurd, finalmente mató a este dragón y puso fin a la maldición de Fafnir.

Skoll y Hati

Estos lobos son solo algunos de la larga lista de lobos y sabuesos monstruosos de la mitología nórdica. Sin embargo, se podría argumentar que desempeñan el papel más importante de todos los lobos, aparte de Fenrir.

Skoll y Hati son grandes lobos que viven en el cielo. Cada uno de ellos persigue a la luna y al sol en su interminable viaje por el cielo. Hati persigue a la luna, representada por el dios Mani, y su hermano Skoll persigue al sol, representado por la diosa Sol.

Se cree que Fenrir fue el padre de Skoll y Hati, aunque no está claro si esto es cierto. Lo que sí es cierto es que estos dos lobos acabarán atrapando al sol y a la luna y los devorarán enteros. Este será uno de los muchos acontecimientos del Ragnarok que provocará el fin de los días.

Lyngbakr

Es la ballena más grande que vive en el océano. Se dice que Lyngbakr es tan grande que puede tragarse barcos enteros. Lyngbakr es quizás la inspiración de historias como Moby Dick. A diferencia de la mayoría de las criaturas y monstruos de los nueve reinos, el Lyngbakr no desempeñará ningún papel en el Ragnarok.

Hafgufa

Este es otro monstruo marino. Es especial porque se cree que es la madre de todos los demás monstruos marinos. En la mayoría de las historias, se dice que es un pez colosal que parece más bien una isla. Se alimenta de barcos, ballenas, a veces de hombres, y de cualquier otra cosa que pueda atrapar.

Nidhogg

La importancia de Nidhogg en la existencia de la vida y su inevitable final no puede ser exagerada.

Nidhogg es un dragón primordial conocido como "el devorador" que vive en la base del árbol del mundo, Yggdrasil. Nidhogg roe constantemente una de las tres raíces del árbol del mundo que se encuentra en Niflheim. Se dice que cuando llegue el Ragnarok, Nidhogg habrá mordido finalmente la raíz del árbol del mundo, desequilibrándolo a él y a todo el universo.

Nidhogg destruirá el árbol del mundo y devolverá todo al caos del que nació.

Gigantes

Hay muchos gigantes diferentes que viven en dos reinos distintos. Todos los gigantes son conocidos como fuerzas malignas, destructivas y caóticas. Los gigantes de fuego viven en Muspellheim, un reino de fuego y humo. Los gigantes de la escarcha y los gigantes de la roca viven en Jotunheim, y son el enemigo jurado de los dioses Aesir y Vanir.

Los gigantes y los dioses están en constante lucha. Los dioses quieren crear orden en el universo y los gigantes quieren devolverlo al caos del que procede. Su lucha constante es un símbolo del ciclo de la vida. Todo lo que se crea a partir del caos se ordena, pero todo debe volver al caos en algún momento. Los gigantes desempeñan uno de los mayores papeles en la mitología nórdica.

Surtr

Surtr es un enorme gigante primordial que gobierna el reino de Muspellheim. Es el enemigo acérrimo de los dioses Aesir, y espera en su reino la oportunidad de destruir Asgard y poner fin al gobierno de los dioses Aesir.

Cuando llegue el día del Ragnorok, Garmr lanzará un aullido espeluznante que servirá de señal a Surtr. Él tomará su gran espada flameante y cabalgará desde su reino hasta Asgard. Arrasará el reino y lo quemará hasta los cimientos. Luego, conducirá a los gigantes de fuego a la batalla final.

49

Capítulo 4: La historia de un héroe

La mitología nórdica está rodeada de grandes historias de aventuras de héroes a través de los nueve reinos. Los relatos hablan de grandes batallas ganadas y perdidas por los dioses. Para los nórdicos, estos cuentos eran algo más que simples historias para dormir o cuentos de miedo narrados junto al fuego. Jugaban un papel importante en su cultura. Nada en la mitología nórdica carecía de importancia o era inútil. Cada cuento, tanto si el héroe ganaba como si perdía, proporcionaba conocimientos y una forma de ver el mundo.

La construcción del muro de Asgard

Asgard es conocida como la fortaleza de los dioses por una razón. El muro que rodea su fortaleza es conocido por resistir cualquier ataque de los enemigos de los dioses. Este muro es lo que protege a los dioses y lo que hace de Asgard una fortaleza tan impenetrable. Este muro no siempre estuvo ahí. La historia de cómo surgió este muro es una grandiosa historia llena de engaños y astucia.

En los inicios del mundo, cuando Asgard se construyó por primera vez y aún era nueva, un herrero disfrazado se acercó a los dioses con una propuesta. Los dioses sabían lo abiertos e indefensos que estaban ante cualquier ataque de sus numerosos enemigos, por lo que este herrero se ofreció a construirles un muro que pudiera resistir cualquier ataque. El herrero dijo que podría hacerlo en solo tres temporadas, pero su precio era elevado. Construiría el muro para los dioses, pero pidió la mano de la diosa Freya en matrimonio y tomó el sol y la luna como suyos.

Los dioses se rieron del herrero por hacer afirmaciones tan atrevidas, pero lo enviaron lejos para que pudieran tomar consejo al respecto. Necesitaban un muro lo suficientemente fuerte como para resistir a los gigantes, y este herrero les prometía precisamente eso. En este punto, Loki sugirió que le dieran al herrero lo que pedía: Freya, la luna y el sol, pero con la condición de que completara el muro en un solo invierno.

Los dioses no tenían intención de dar al herrero ninguna de estas cosas, pero sabían que la tarea era imposible, así que aceptaron el plan de Loki. El herrero aceptó sus condiciones siempre y cuando su caballo le ayudara, e hizo jurar a todos los dioses que cumplirían su parte del trato cuando completara el muro.

Los dioses se rieron para sí mismos mientras el herrero se ponía a trabajar en el muro. Sabían que no podría completar el muro en un solo invierno, ni siquiera con la ayuda de su caballo. Ellos obtendrían al menos una parte de la muralla y el herrero no recibiría nada. Sin embargo, para sorpresa de los dioses, el herrero hizo un rápido trabajo en la muralla.

Para su sorpresa, el caballo del herrero, Svadilfari, estaba haciendo el doble de trabajo que el herrero. Arrastraba grandes rocas de un lado a otro durante todo el día y la noche, mientras que el herrero las recogía y las colocaba él mismo. Los dioses empezaron a sospechar que los estaban engañando. Era imposible que un hombre del tamaño del herrero pudiera levantar rocas tan grandes, y su caballo no era un caballo normal.

Los dioses volvieron su ira hacia Loki, ya que él los había convencido de aceptar este plan. Faltaban solo tres días para el final del invierno y la gran muralla no estaba lejos de estar completa. Solo faltaban por colocar algunas rocas junto a la puerta. Los dioses amenazaron a Loki con la muerte si no arreglaba las cosas.

La noche anterior a la finalización de la muralla, el herrero y su caballo estaban en el bosque recogiendo las últimas piedras que necesitaban. De repente, apareció una yegua que no era otra que Loki disfrazado y provocó al caballo del herrero. Svadilfari rompió sus riendas y persiguió a la yegua. El herrero corrió tras su caballo pero Svadilfari era demasiado rápido para alcanzarlo.

El herrero buscó a su caballo toda la noche y cuando el sol comenzó a salir en el último día del invierno, supo que no podría completar el muro a tiempo. El herrero estalló de ira. Sabía que los dioses le habían engañado. Fueron ellos quienes enviaron una yegua para robarle el caballo en la última noche del invierno. En medio de la ira del herrero, su disfraz se desvaneció y los dioses observaron horrorizados cómo un gran gigante monstruoso ocupaba el lugar del herrero.

Thor se apresuró a llamar a su martillo, Mjollnir, y atacar al gigante. El gigante levantó las manos para destruir el muro que había construido para los dioses, pero Thor golpeó con su martillo la cabeza del gigante, destrozando su cráneo y matándolo en el acto.

Loki estuvo desaparecido durante varios días y regresó una noche con Sleipnir, un caballo de ocho patas, como regalo para Odín. Los dioses perdonaron a Loki y le dieron la bienvenida a Asgard. Odín aceptó el regalo de Loki con alegría, y Sleipnir creció hasta convertirse en el corcel más rápido de los nueve reinos.

El descubrimiento de las runas por parte de Odín

Odín, el Padre Todo, es uno de los dioses más sabios y esto se debe a que ha pasado casi toda su vida en una búsqueda incesante del conocimiento. Uno de los relatos que muestran la fuerte voluntad de Odín y su necesidad de conocimiento y sabiduría absolutos es el relato de cuando descubrió las runas.

Las runas eran más que un lenguaje. Aquellos que las entendían podían comprender los misterios del universo y de la vida misma. Las runas permitían interactuar, acceder e influir en la configuración del mundo. Por eso Odín buscaba su conocimiento.

El árbol del mundo, Yggdrasil, crece fuerte y alto en el centro del universo, sosteniendo los nueve reinos. Una de sus tres raíces se alimenta directamente del Pozo de Urd. Las Norns, tres mujeres místicas y poderosas, cuidan de las raíces y permanecen junto al Pozo de Urda. Las Norns conocen las runas y las utilizan para controlar el destino de las vidas en los nueve reinos. Odín se sentó en su alto trono en Asgard y las observó hacer esto. Sentía envidia de su poder y sabiduría. Ansiaba conocer el secreto de las runas, y nada lo detendría en su búsqueda.

El Pozo de Urda requiere un sacrificio lo suficientemente significativo para obtener el conocimiento que contiene. Odín se colgó de la rama de Yggdrasil con su lanza atravesada en el pecho y la rama. Odín se asomó a las aguas oscuras y sin fondo del pozo. Odín se colgó en esta posición y no aceptó la ayuda de ninguno de los dioses. Ni siquiera aceptó un sorbo de agua. El Pozo de Urda le exigía que demostrara ser digno del conocimiento de las runas, y así lo haría Odín.

Odín permaneció así durante no menos de nueve días y nueve noches, mirando hacia abajo, hacia las aguas que giraban sin cesar. Estaba en el borde, atado entre la tierra de los vivos y la tierra de los muertos. Finalmente, en la novena noche, Odín vio que las formas tomaban forma en el agua. Las runas se le habían revelado finalmente. Odín había demostrado ser digno de su conocimiento. Odín solo necesitó verlas una vez, y su conocimiento se grabó en su memoria.

Odín terminó sus nueve días y nueve noches con un grito de exultación. Debido a su sacrificio, Odín se convirtió en uno de los dioses más sabios y poderosos de los nueve reinos.

El amarre de Fenrir

El astuto y travieso dios Loki tuvo muchos hijos en su época. Cada uno de sus hijos era monstruoso en forma y figura, o eran simples criaturas con talentos y habilidades fantásticas. Los hijos más famosos de Loki fueron los tres horribles que engendró con la giganta Angrboda.

El primero de sus hijos fue Jormungand, la serpiente de Midgard, el segundo fue Hel, la diosa de los muertos, y el tercero de sus hijos fue el gran lobo, Fenrir. Los dioses tuvieron terribles visiones de la muerte y la destrucción causada por estos tres hijos y trataron de asegurarse de que esto nunca sucediera.

Odín tomó a Jormungand, una pequeña serpiente del tamaño de una serpiente en ese momento, y la arrojó al océano alrededor de Midgard. Siguió creciendo y pronto se hizo tan grande que podía rodear Midgard por completo. Desterraron a Hel al inframundo porque su rostro se parecía al de los muertos en descomposición, y pronto se convirtió en una diosa de su propio reino llamada Helheim. Fenrir inspiró tanto miedo en los corazones de los dioses que no se atrevieron a perderlo de vista. Ellos mismos lo criaron en su fortaleza, Asgard, y solo Tyr fue lo suficientemente valiente como para alimentarlo.

Los dioses observaban a Fenrir todos los días, y sus temores no hacían más que aumentar a medida que Fenrir seguía creciendo. Fenrir crecía a un ritmo tan alarmante que los dioses sabían que no podría permanecer en Asgard por mucho tiempo. Sabían la clase de muerte y destrucción que Fenrir dejaría a su paso si se le permitía vagar libremente, así que decidieron atarlo.

Los dioses se ganaron la confianza del lobo diciéndole que querían probar su fuerza. Lo atarían con cadenas y cada vez que Fenrir rompiera las cadenas, fingirían que lo aclamaban y aplaudían. Fenrir sonrió y agradeció el desafío. Pidió que lo ataran una y otra vez, y rompió todas las cadenas que usaron para atarlo.

Los dioses no estaban seguros de lo que podían hacer. Fenrir seguía aumentando de tamaño y fuerza. Pidieron a los enanos que les hicieran una cadena tan fuerte que Fenrir nunca pudiera liberarse. Los enanos les hicieron una cadena llamada Gleipnir, que era tan fina como una cinta de seda.

Cuando los dioses le presentaron esta cadena a Fenrir, éste no confió en ellos. Se negó a que lo encadenaran, sabiendo que intentaban engañarlo. Los dioses fueron astutos y optaron por complacer su ego. Le dijeron que no había cadena en la existencia que no pudiera romper porque era la criatura más fuerte que existía. Fenrir sonrió, pues sabía que eso era cierto. Aceptó que lo encadenaran con Gleipnir, pero con la condición de que uno de los dioses le pusiera la mano entre las fauces abiertas. Si no podía liberarse de la cadena, mordería la mano del dios.

Ninguno de los dioses quiso acceder a esto, pues no querían perder su mano ni romper un juramento. Tyr, el más valiente de todos los dioses, se adelantó y aceptó hacer lo que Fenrir le pedía. Fenrir abrió la boca de par en par y Tyr puso su mano en la boca del lobo. Los Dioses trabajaron rápidamente para envolver la cadena alrededor de Fenrir y atarlo con fuerza.

Cuando terminaron, todos se apartaron y observaron a Fenrir retorcerse mientras intentaba liberarse. Aunque la cadena era tan fina como una cinta de seda, Fenrir no pudo liberarse de ella. Cuando se dio cuenta de lo que los dioses habían hecho, apretó su mandíbula contra el brazo de Tyr y se lo tragó entero.

Tyr gritó de dolor, pero sonrió porque había hecho bien su trabajo. El gran lobo estaba atado y no podía causar daño a nadie. Los dioses llevaron a Fenrir a un lugar oscuro y aislado y envolvieron su cadena alrededor de una roca. Odín clavó una espada entre las mandíbulas abiertas de Fenrir para que no pudiera volver a cerrar la boca. Dejaron a Fenrir allí, donde aulló y gruñó sin cesar hasta el Ragnarok.

La muerte de Baldur

De todos los dioses, Baldur era el más querido. Es el hijo de Odín y Frigg. Es alegre, generoso y valiente. Levantó el ánimo y alegró los corazones de todos con su presencia. De todos los que le querían, nadie le quería más que su madre.

A Baldur le costaba dormir. Pasó muchas noches soñando que la desgracia le acontecía y que la muerte finalmente lo alcanzaba. Todos los dioses acudieron a Odín para descubrir el significado de estos sueños. Odín, el más sabio de todos, no perdió tiempo en descubrir que esos sueños anunciaban el próximo fallecimiento de Baldur.

Los dioses se lamentaron porque ya no podían hacer nada para salvar a su amado Baldur. Frigg, que amaba a su hijo más que a nada, no se quedaría de brazos cruzados mientras la muerte se acercaba a Baldur. Después de todo, ella era una hechicera y usaría su magia para salvarlo.

Frigg salió al universo y visitó cada uno de los nueve reinos. Se dirigió a todos los seres, vivos o no, y obtuvo el juramento de cada uno de ellos de que no harían daño a Baldur. Todos estos juramentos fueron seguros, y así Baldur se convirtió en inmortal, ya que nada en el cosmos podía hacerle daño.

Los dioses pronto convirtieron esto en un juego. Cada uno de ellos se turnaba para lanzar cualquier arma que tuviera a Baldur mientras éste permanecía orgulloso mientras cada ataque rebotaba en él con facilidad. Nada ni nadie podía hacerle daño. El astuto y desleal Dios, Loki, percibió la oportunidad de hacer una travesura y vengarse.

Loki se disfrazó de mujer vieja y frágil y fue a ver a Frigg en la noche. Le preguntó: "¿Todas las cosas juraron de verdad no hacer daño a Baldur?"

"¡Oh, sí!" respondió Frigg, pero dudó un momento. "Bueno, todo excepto el muérdago, pero es tan pequeño e inofensivo. ¿Qué daño podría hacerle a mi hijo?"

Frigg no vio nada malo en decirle esto a la anciana, pero en cuanto la noticia llegó a los oídos de Loki, se marchó. Puso en marcha sus planes y preparó su venganza. Vería a Odín sufrir al perder a sus hijos igual que él había sufrido al perder a los suyos.

Loki buscó el único arbusto de Asgard donde crecía el muérdago, y talló una lanza en la madera. Mantuvo esa lanza oculta y la llevó consigo al juego que más les gustaba a los dioses.

Baldur se mantuvo orgulloso y alto mientras los dioses se turnaban para lanzarle sus armas. Loki sabía que no podía participar él mismo en el juego o los dioses sospecharían inmediatamente de él. Observó la sala y vio a Hodr, el dios ciego, de pie en un rincón, solo. Loki sonrió y se acercó al dios ciego.

"¿No te sientes excluido?" Loki preguntó a Hodr. "Todos los dioses participan en el juego y tú no puedes".

"No hay nada que pueda hacer al respecto", respondió el dios ciego, "Si le lanzara un arma, solo fallaría y se reiría de él".

Loki hizo una pausa por un momento y luego fingió un jadeo: "¡Tengo una idea! Toma, ten esto", Loki colocó la lanza hecha de muérdago en la mano de los dioses ciegos, "Apuntaré tu mano en dirección a donde está Baldur, y entonces todo lo que tienes que hacer es lanzarle esta lanza".

Hodr sonrió y agradeció a Loki que se preocupara por ayudarle. Loki se esforzó por no sonreír mientras conducía a Hodr hacia el frente de la sala y le apuntaba con la lanza. Baldur se levantó orgulloso por última vez mientras el dios ciego lanzaba la lanza hacia él.

La lanza voló por el aire y todos contemplaron horrorizados cómo atravesaba a Baldur y su cuerpo caía al suelo, inerte y sin vida.

Loki se marchó antes de que los dioses pudieran recomponerse. Nadie podía creer que Baldur estuviera realmente muerto. Lloraban la pérdida de su amado dios y también temían los acontecimientos que le seguirían, pues todos eran conscientes de que aquello no era más que la primera señal del fin de los días y de la batalla final que se avecinaba.

Los dioses organizaron un gran funeral para Baldur mientras el Dios, Hermod, cabalgaba a lomos de Sleipner hacia las puertas de Hel. Fue un largo viaje, pero finalmente llegó al inframundo, donde suplicó a los pies de la diosa Hel que liberara a Baldur de su reino.

Hel sonrió y negó su petición. Un hijo de Odín era todo un premio y ella pretendía mantener a Baldur allí por toda la eternidad. Nunca más sentiría el sol en su rostro ni vería la luz del día. Nunca más su alma alegre y agraciada alegraría los corazones de los demás.

El fin

Desde el principio de los tiempos, los dioses y diosas han temido el día del Ragnarok. Es el día que acabará con todo lo que vive y sumirá al mundo ordenado que han creado en el caos. El gran árbol del mundo, Yggdrasil, no podrá escapar del fin de los días. No importa cuánto tiempo pasen los dioses preparándose para el Ragnarok y no importa cuánto conocimiento reúna Odín, nadie sabe cuándo llegará el día que acabará con todos los días. Todo lo que pueden hacer es esperar hasta ver las señales que han sido profetizadas.

Todos los dioses conocen las señales del Ragnarok, y todos temen el día en que aparezca la primera señal.

Los dioses y las diosas experimentaron el peor invierno de su tiempo, que se prolongó durante tres años. Fue el invierno más frío y duro que les llegó, y también el más largo. Parecía que este invierno nunca llegaría a su fin.

Después de tres largos años sin sol ni calor de por medio, los dioses sabían lo que significaba este invierno. Odín se sentó en su trono, en su alto salón, con sus lobos a los pies y sus cuervos sobre los hombros. No necesitaba sus susurros ni sus ojos para saber lo que significaba. Este invierno no era más que la primera señal del Ragnarok.

Odín sabía que todas las leyendas y mitos del Ragnarok hablaban de un largo e interminable invierno como primera señal, pero sabía en el fondo de su corazón que la muerte de su hijo, Baldur, era en realidad la primera señal. Todavía estaba matando la pérdida de su amado hijo y aunque se vengó de su asesino, Loki, todavía parecía una herida en su corazón que nunca sanaría.

Los dioses y las diosas no creyeron a Odín cuando habló de que tales eventos eran señales del fin de los días. La batalla final se acercaba, y Odín lo sabía. Hubo más señales de esto esparcidas por los nueve reinos. Odín sabía de estas señales porque habían sido vistas por los cuervos y este conocimiento le había sido susurrado al oído.

La guerra había estallado en los nueve reinos y parecía que la gente luchaba sin razón alguna. Estas guerras se parecían mucho a una plaga que se extendía y la única explicación que Odín podía pensar era la llegada del Ragnarok.

Odín se recostó en su silla y bebió de su copa dorada de vino tinto mientras sus cuervos, Huginn y Munin, le susurraban al oído los acontecimientos del día. Oyó hablar de muchas guerras, pero no le importaba mucho este conocimiento. Huginn habló brevemente de un gallo rojo que había visitado Jotunheim, la tierra de los gigantes, al oído de Odín. En el otro oído, Munin habló de un segundo gallo rojo que visitó a la Diosa de Helheim en Helheim exactamente al mismo tiempo que el primer gallo.

Odín jadeó y aflojó el agarre de su copa de oro. La copa cayó al suelo, sus lobos saltaron fuera de su camino mientras el vino rojo salpicaba, mojando el suelo dorado.

El silencio del día fue roto por el grito de un gallo negro con peine de oro llamado Gullinkambi, que había venido a visitar a los dioses en Asgard. Odín se levantó al oír el canto del gallo negro. El vino rojo de su copa corrió por la escalera que conducía a su trono y fluyó por el suelo. Parecía un río de sangre fluyendo por las puertas de Hel. Mientras Freki, su lobo, sorbía el vino del suelo, una imagen de un gran lobo bebiendo del río de sangre pasó por sus ojos. No había duda en la mente de Odín. El Ragnarok estaba sobre ellos.

Odín agarró su lanza que le habían preparado los enanos y salió corriendo de su sala. Tenía determinación en sus ojos y vino tinto en su barba. Advertía a todos del fin que se avecinaba, pero cuando salía por esas puertas, el cielo se llenó de un sonido atronador. Heimdall vio las señales un momento antes y tocó su cuerno para advertir a todos. El sonido viajó por los nueve reinos y directamente al corazón de Asgard, donde se encontraba el Salón del Valhalla.

Los guerreros, caídos en combate y elegidos por el propio Odín para luchar en la última batalla, escucharon el cuerno de Heimdall y actuaron rápidamente. Los guerreros se prepararon y marcharon desde las puertas del Valhalla. Sus armaduras estaban pulidas y cada una de ellas estaba tachonada de joyas y oro. Tenían sus armas preparadas. Cada flecha, daga, lanza y espada estaba afilada y lista para la batalla.

Odín vio a sus guerreros reunirse y marchar hacia el Bifrost. Estaban preparados, pero aún no estaba seguro de si debían ir a la batalla. Odín se dirigió él mismo al Bifrost, pues necesitaba algo más que los susurros de sus cuervos para confirmar las señales. Necesitaba que los ojos de Heimdall le dijeran si era cierto.

"¡Heimdall, dime, qué ves!" bramó la atronadora voz de Odín mientras marchaba hacia Heimdall.

Heimdall dirigió sus ojos que todo lo ven hacia los cielos. Desde su lugar junto al Bifrost, podía ver los nueve reinos.

"Los gigantes están marchando. Llevan armas y armaduras. Marchan como si fueran a la guerra". Heimdall respondió a la pregunta de su rey.

"¡Poned a todos detrás del muro!" ordenó Odín mientras comenzaba a caminar hacia su sala para prepararse para la batalla. "Si quieren una guerra, entonces es una guerra lo que tendrán".

"No están marchando hacia Asgard, Padre Todopoderoso", llamó Heimdall a Odín antes de que pudiera dirigirse a su sala. "Se dirigen en la dirección opuesta. Están marchando hacia

Helheim".

"¿Qué?" Susurró Odín para sí mismo. "¿Por qué iban a ir allí?"

Heimdall no respondió a la pregunta porque sabía que no iba dirigida a él. Odín estaba en lo más profundo de su propia mente, tratando de encontrar respuestas a este enigma. No oyó los pasos urgentes que se acercaban a él ni la voz de su hijo, Thor, llamándole.

"¡Padre!" gritó Thor. "Es Baldur, ha vuelto. Padre, Baldur ha vuelto".

Odín escuchó el nombre de su hijo muerto por el que ya había llorado, y fue sacado de sus pensamientos. Odín miró para ver el rostro de su amado hijo de pie frente a él. Odín no pudo contener su alegría. Rodeó a Baldur con sus brazos y lo abrazó con fuerza.

"¿Cómo es posible?" murmuró Odín, con los ojos llenos de lágrimas. "¡Esto debe ser un truco! Es imposible que Hel te haya liberado sin algún tipo de regalo o intercambio".

"No es un truco, padre", aseguró Baldur a Odín. "Soy yo realmente. Estoy aquí, pero traigo conmigo las más terribles noticias".

Odín soltó a su hijo de su agarre y se limpió las lágrimas del rostro. Miró fijamente a los ojos de su hijo y le hizo un gesto con la cabeza.

"Cuéntame tus noticias, hijo".

"No soy solo yo quien ha liberado a Hel", explicó Baldur.
"Helheim está vacía, y las puertas están abiertas de par en par.
Ha liberado a todos los de Hel, y marchan con ella a la guerra.
Dicen que será la guerra que acabará con todas las guerras".

El rostro de Odín se quedó quieto y sin emociones, pero un ojo
se llenó de temor.

"Marchan hacia el Ragnarok". Susurró. "¡Entonces,
marcharemos a su encuentro!"

Odín se dirigió a su sala mientras sus hijos, Thor y Baldur, se
separaban y se extendían por todo Asgard. Advirtieron a todos
los dioses y diosas de la guerra que se avecinaba. Todos se
prepararon para la guerra, y a través del puente del arco iris, los
dioses y diosas cabalgaron para encontrarse con sus enemigos en
la batalla final.

Sleipnir llevó a Odín muy por delante de los demás, pero no
redujo la velocidad ni se detuvo a esperarlos. La batalla le estaba
esperando. Mientras cabalgaban hacia Hel, una gran sombra
apareció en el cielo sobre ellos.

La sombra en el cielo se hizo cada vez más oscura y tomó la forma
de un lobo en la superficie de la luna. Skoll abrió la boca de par
en par y se tragó la luna entera, junto con el dios Mani. Toda la
luz del cielo desapareció por la garganta del lobo. No había duda

en la mente de Odín de que Hati seguramente había devorado a Sol junto con su sol. La oscuridad completa cayó sobre los nueve reinos mientras cabalgaban hacia el Ragnarok.

Esta era la tercera señal del Ragnarok, pero Odín no podía prestarle más atención. Volvió a concentrarse en el camino y en la batalla que se avecinaba.

Mientras los dioses y las diosas bajaban por el Bifrost hacia el inframundo, Hel estaba al timón de su barco y observaba cómo subían a bordo todo tipo de criaturas. Los gigantes de Jotunheim y los muertos vivientes de su reino subieron al barco como uno solo, pero le sorprendió ver a una persona en particular subiendo a su barco.

Hel bajó de su timón para encontrarse con él mientras subía a su barco.

"Me sorprende verte aquí, padre". Hel habló.

Loki entró en la nave con Fenrir caminando a su lado. Fenrir había crecido tanto que era casi del mismo tamaño que la propia Hel.

"¿Dónde más pensabas que iba a estar?" preguntó Loki a Hel.

"¿No es tu manera de correr siempre hacia Odín, besando el suelo a sus pies y rogando estar a su lado una vez más?"

Loki se burló y miró al lobo a su lado. "Esta vez no".

Hel se hizo a un lado mientras Loki y Fenrir la empujaban y subían al barco. Volvió a su lugar en el timón mientras llegaba el grueso del ejército de gigantes. Una vez que todos subieron a bordo, el barco zarpó. Miró al ejército de monstruos, gigantes y muertos vivientes que había debajo de ella.

"Esta será una gran batalla". Susurró.

La batalla final continuó. Muchos guerreros fueron abatidos por ambos bandos y Odín vio con horror cómo los Aesir caían uno a uno a su alrededor. Los gigantes eran enemigos formidables, pero Odín los derribó con facilidad. Odín acuchilló a un enemigo tras otro y el suelo empezó a temblar bajo él.

Odín se volvió, esperando ver un ejército marchando hacia él. En cambio, solo vio un enemigo. El gran Fenrir galopaba hacia él, con la mandíbula aún abierta por la espada que Odín le clavó en la boca. Durante su cautiverio, el crecimiento de Fenrir solo se vio frenado, pero no detenido. Ahora era más grande que los grandes lobos del cielo, Hati y Skoll.

El lobo arrastraba su mandíbula abierta por el suelo mientras corría directamente hacia Odín. Se tragó a cualquiera que fuera lo suficientemente desafortunado como para ponerse en su camino. Fenrir no estaba del lado de nadie en esta batalla. Se tragó tanto al gigante como al dios que se interpuso en su camino. Su único objetivo era vengarse de Odín por haberlo apresado.

Odín levantó su lanza en el aire y la lanzó contra el gran lobo. La lanza no falló su objetivo y su puntería fue certera. Golpeó a Fenrir en el costado y el lobo soltó un aullido chirriante, tambaleándose hacia atrás por la fuerza del impacto. Odín estaba ahora sin armas y los enemigos que lo rodeaban se aprovecharon de ello.

Thor y Tyr se apresuraron a ayudar a Odín, abatiendo a los enemigos que lo rodeaban y protegiendo al Padre de todos de cualquier daño. Odín se dirigió a través del campo de batalla hacia Fenrir para acabar con él. Thor y Tyr se movieron con él, apartando a los gigantes y a los muertos vivientes de su camino y abriendo una vía hacia Fenrir.

Tyr fue derribado por Garmr, el lobo de sangre que guarda las puertas de Hel, y así Thor se quedó solo para defender a Odín. Thor estuvo a punto de ser arrollado, pero Odín cogió una espada y se unió a él en la lucha con su ojo aún fijo en Fenrir. Thor fue derribado y para cuando se recuperó, perdió de vista al Padre de todo, pero una nueva visión le robó la atención.

El suelo tembló y las olas se estrellaron contra la orilla cuando la gran Serpiente de Midgard irrumpió en la superficie del agua. La serpiente abrió la boca de par en par y escupió su veneno caliente por todo el campo de batalla, matando todo lo que encontraba a su paso y quemando el suelo. Thor agarró el mango de Mjollnir con fuerza y miró a la serpiente.

Thor hizo girar su martillo en círculos, reuniendo toda la fuerza y energía que podía. De repente, soltó el poder y el martillo salió disparado hacia la Serpiente de Midgard. Thor sorprendió a la serpiente y se estrelló contra la parte inferior de su mandíbula. La mandíbula de la serpiente se cerró de golpe, mordiéndose su propia lengua. Thor cayó al suelo y aterrizó, haciendo crujir el suelo a su alrededor.

La serpiente no dio tiempo a Thor a recuperarse. Abrió la mandíbula de par en par y salió disparada hacia Thor. Él no reaccionó lo suficientemente rápido como para saltar fuera del camino. En su lugar, Thor extendió los brazos hacia los lados mientras la mandíbula de la serpiente se cerraba a su alrededor. Thor empujó la boca de la serpiente con todas sus fuerzas mientras amenazaba con cerrarse y tragárselo entero. Gritó de dolor cuando sus dientes le desgarraron la piel del brazo.

Thor se sintió débil mientras el veneno quemaba su cuerpo. Con la última pizca de fuerza que le quedaba, forzó la boca de la serpiente a abrirse aún más, desgarrando su mandíbula superior de la inferior. Thor arrancó limpiamente la parte superior de la boca de la serpiente y la atravesó hasta el océano. El cuerpo de la serpiente se hundió en el fondo del océano mientras Thor caía inerte y sin vida al suelo mientras el veneno le quemaba. Ningún dios o diosa, por poderoso que fuera, podía sobrevivir al veneno de la serpiente de Midgard.

Mientras tanto, Odín continuó a través del campo de batalla hacia Fenrir. Agarró la lanza que sobresalía del costado del lobo y Fenrir lanzó un grito cuando Odín la liberó. La levantó por encima del cráneo del lobo y lo obligó a bajar. Odín golpeó su lanza en el duro lugar entre los ojos de Fenrir, pero su cráneo era tan grueso que Odín no pudo empujar su lanza lo suficientemente profundo como para matarlo.

Fenrir gritó y sacudió la cabeza, tirando a Odín al suelo. Fenrir estaba tan enfadado que forzó su mandíbula, doblando la espada que la mantenía abierta. Fenrir enseñó los dientes a Odín, probando la nueva libertad de su mandíbula. Volvió a sacudir la cabeza para librarse de la lanza de Odín, pero la lanza estaba tan hundida que no pudo liberarla.

Odín trató de levantarse del suelo, pero no encontró fuerzas para hacerlo. El mundo a su alrededor giraba y el suelo bajo él temblaba. Lo último que vio fue la parte posterior de la garganta de Fenrir cuando se lo tragó entero.

La batalla continuaba en las llanuras de Vigrid. El suelo estaba empapado de sangre y los cadáveres estaban esparcidos por todas partes. El dios mató al gigante y el gigante mató al dios. Loki y Heimdall se enzarzaron en una fatal lucha de cuchillos, cortándose mutuamente y muriendo cada uno por sus heridas. Tyr mató al sabueso, Gramr, y luego murió de las heridas que le había hecho el lobo de Hel.

Mientras la batalla final continuaba, un gigante no pensó en unirse a ella. En su lugar, Surtr, el gigante de fuego rey de Muspellheim, levantó su gran espada de fuego y cabalgó hacia Asgard. Prendió fuego a la fortaleza de los gigantes y la vio arder hasta los cimientos. Uno por uno, Surtr cabalgó hacia cada uno de los nueve reinos, incendiándolos como su propio reino y respirando el humo y las chispas. Prendió fuego al cielo y vio arder el mundo entero.

El árbol del mundo, Yggdrasil, ya no podía albergar los nueve reinos y empezó a temblar y a inclinarse. Después de años de roer la raíz, Nidhogg finalmente se abrió paso, separando a Yggdrasil de una de sus raíces. Yggdrasil se agitó mientras los nueve reinos ardían. La ceniza se elevó en el aire y todos los dioses y gigantes ardieron en el fuego que Surtr había provocado.

Yggdrasil se agitó y se inclinó, pero no cayó. El árbol del mundo se mantuvo en pie mientras todo ardía a su alrededor. Se predijo que todo ardería antes de que la batalla terminara. De las cenizas del viejo mundo surgirá uno nuevo, pues no todo ha perecido al final. Antes de que comenzara la batalla, un hombre llamado Liftraser y una mujer llamada Lif vieron las señales del Ragnarok y se refugiaron dentro de Yggdrasil. Salieron cuando la batalla había terminado y cuando todo había desaparecido.

Un nuevo mundo surgió del mar y el hombre y la mujer lo llamaron su nuevo hogar. Continuaron viviendo y prosperando, y se convirtieron en los ancestros de la nueva línea de la humanidad.

No todos los dioses perecieron en los últimos días. Los que sobrevivieron viajaron a un paraíso llamado Idavoll, que no fue tocado por los eventos del Ragnarok. Aquí es donde hicieron sus nuevas vidas y construyeron sus nuevos hogares. Aquí es donde los dioses intentarían volver a su vida de orden y paz. Los dioses viven aquí, pero viven con miedo.

Nidhogg sobrevivió a los últimos días del Ragnarok y se hizo un nuevo hogar en el inframundo. Los dioses pudieron ver su sombra mientras volaba por el cielo, pasada la luna nueva, llevando los cuerpos de los que murieron en la batalla final. Se los llevó a su casa y se dio un festín con ellos mientras esperaba que se desatara la siguiente guerra.

Esta es la historia del Ragnarok, el fin de todo, incluso de los dioses.